1

Le Conseil privé de la Martinique,

Vu le rapport de M. le Directeur de l'intérieur en date de ce jour, ayant pour objet de saisir le conseil de faits de comptabilité occulte qui se seraient produits dans la commune de Sainte-Marie ;

Vu les articles 157 et 165, § 7, de la loi municipale du 5 avril 1884 ;

Vu l'enquête administrative à laquelle il a été procédé à Sainte-Marie, les 5 mai 1886 et jours suivants, sur les faits constitutifs de maniements illégaux des deniers de cette commune et du bureau de bienfaisance ; lesdits faits imputés aux sieurs Binet, ex-maire de Sainte-Marie ; Gavand, ex-premier adjoint ; A. Montbrun, ex-deuxième adjoint ; Bermeilly (Émile), commerçant ; Aloy Gaillardon, ex-conseiller municipal ; Lampin, ferblantier ; A. Nancy, Odonnat (Robert), entrepreneurs ; Lagrosillière (Joseph) et Lauréat (Emmanuel), tailleurs ; tous résidant à Sainte-Marie ;

Vu le décret du 20 novembre 1882 sur le régime financier des colonies ;

Vu l'article 153 de la loi précitée du 5 avril 1884 et l'article 155 de ladite loi, aux termes duquel « toute personne « autre que le receveur municipal qui, sans autorisation « légale, se serait ingérée dans le maniement des deniers « de la commune, sera, par ce seul fait, constituée comp- « table et pourra, en outre, être poursuivie, en vertu du « code pénal, comme s'étant immiscée, sans titre, dans « les fonctions publiques » ;

Attendu que les gestions occultes sont soumises aux mêmes juridictions et entraînent la même responsabilité

que les gestions patentes et régulièrement décrites;
Vu l'article 2121 du code civil;
Attendu qu'il résulte des procès-verbaux de l'enquête susvisée et de l'ensemble des déclarations recueillies que le sieur Binet, ex-maire de Sainte-Marie, s'est livré, dans le cours des années 1884 et 1885, à des actes de comptabilité occulte à l'aide de mandats délivrés par lui au nom de diverses parties prenantes non créancières de la commune, appuyés de mémoires fictifs et revêtus d'acquits de complaisance;

Attendu que le sieur Binet s'est ainsi créé illégalement des ressources dont il doit justifier l'emploi; que, notamment, avec le concours du sieur Bermeilly (Emile), qualifié d'entrepreneur, les mandats de 225 francs, de 200 francs, de 367 fr. 50 cent., de 172 fr. 50 cent., de 61 fr. 50 cent., de 30 francs, de 66 francs, de 403 fr. 56 cent., et de 300 fr. 25 cent., des 13 août, 13 septembre, 30 octobre, 10 novembre, 23 décembre 1884, 9 février, 23 avril, 30 avril et 20 juillet 1885, émis par le sieur Binet, ont été payés pour des travaux que le sieur Bermeilly et son associé, le sieur Castry, ne reconnaissent pas avoir exécutés;

Attendu que les mandats des 30 octobre 1884 et 20 juillet 1885 ont été payés sur de fausses attestations des conseillers municipaux Aloy Gaillardon, A. Montbrun et A. Nancy;

Attendu qu'un mandat de la somme de 498 fr. 55 cent., du 18 septembre 1884, au nom du sieur Robert Odonnat, paraît n'avoir été émis pour un chiffre aussi élevé qu'afin d'assurer, avec la connivence du maire Binet, un bénéfice de 100 francs au sieur Aloy Gaillardon, conseiller municipal; qu'un autre mandat de 73 francs a été émis le 7 oc-

ctobre 1884 dans des conditions identiques ;

Attendu que, sous la date du 2 mai 1884, un mandat de la somme de 450 francs a été émis par le sieur Binet au nom du sieur J. Lagrosillière pour une entreprise que le sieur Lauréat (Emmanuel) dit avoir exécutée ;

Attendu que les sommes de 180 francs et de 84 francs ont été payées au nom des sieurs Lampin et A. Nancy, par mandats des 11 août 1884 et 16 septembre 1885, pour de prétendus travaux auxquels ils sont restés étrangers ;

Attendu qu'il ressort de l'information que le sieur Binet, pour certains actes de sa gestion irrégulière, a obtenu la coopération de son adjoint, le sieur Gavand, qui a délivré au sieur Bermeilly, aux dates des 17 avril 1884, n°ˢ 73 et 74 ; 10 juin, 25 juin et 2 juillet 1884, les mandats de 362 fr. 50 cent., 278 fr. 30 cent., 345 fr. 50 cent., 382 fr. et 98 fr. 50 cent. ;

Attendu que ledit sieur Gavand a émis au nom du sieur Lagrosillière (Joseph), à la date du 23 juin 1884, un mandat de 227 fr. 50 cent. dont lui Gavand aurait touché le montant pour se rembourser d'avances qu'il prétend avoir faites ;

Attendu que les sieurs Binet et Gavand, dans l'exercice de leurs fonctions, ont constamment émis sur le sieur Bermeilly des bons dont ils remboursaient la valeur au moyen de mandats fictifs ;

Attendu, d'autre part, que le sieur Binet, à l'aide de la faiblesse et de la condescendance du sieur Bermeilly, a pu détourner de sa destination véritable une partie des ressources du bureau de bienfaisance de Sainte-Marie, sans rapporter la justification régulière de l'emploi qu'il en a

fait ; que, d'après deux déclarations écrites de sa main, il a
reçu notamment du sieur Bermeilly, membre de la commission administrative du bureau de bienfaisance et dis-
tributeur des fonds de secours, au compte dudit établisse-
ment, une somme de 500 francs le 14 juillet 1884, et une
somme de 250 francs le 14 juillet 1885 ;

Attendu que des bons pour secours aux indigents ont
été payés en excédent des ressources du bureau de bienfaisance ; que des bons de médicament ont été délivrés
sans désignation précise, par le maire, par les adjoints
et par les conseillers municipaux ; que la nature de certains médicaments et leur prix font douter qu'on en ait
prescrit la délivrance au profit des indigents ;

Attendu qu'aux termes de l'article 187 du décret précité
du 20 novembre 1882, les percepteurs-receveurs municipaux sont seuls chargés des recettes et des dépenses des
bureaux de bienfaisance ;

Attendu que l'information autorise la présomption que
des dépenses fictives autres que celles énumérées ci-dessus
ont eu lieu sans qu'il soit possible d'en préciser le montant ;

Attendu que, par ces actes répréhensibles, les sieurs
Bermeilly, Aloy Gaillardon, A. Montbrun, Lampin,

A. Nancy, Odonnat, Lagrosillière et Lauréat ont pris une part réelle et effective aux gestions irrégulières organisées par les sieurs Binet et Gavand, et, par suite, engagé leur propre responsabilité ;

Attendu qu'aux termes des lois susvisées, toute personne qui s'immisce, sans autorisation, dans le maniement des deniers publics est, par ce seul fait, constituée comptable et soumise à l'obligation de rendre compte ;

Sur les conclusions du Directeur de l'intérieur,

Arrête :

Art. 1er. Sont déclarés comptables et responsables des deniers de la commune et du bureau de bienfaisance de Sainte-Marie, pendant les gestions 1884 et 1885, les sieurs :

1° Binet, ex-maire de Sainte-Marie ;
2° Gavand, ex-premier adjoint ;
3° Montbrun, ex-deuxième adjoint ;
4° Aloy Gaillardon, ex-conseiller municipal ;
5° Bermeilly (Emile), commerçant ;
6° Lampin, ferblantier ;
7° A. Nancy, entrepreneur ;
8° Odonnat (Robert), entrepreneur ;
9° Lagrosillière (Joseph), tailleur ;
Et 10° Lauréat (Emmanuel), tailleur ;

Chacun d'eux, à raison des opérations auxquelles il a concouru ou qu'il a effectuées, et solidairement pour celles de ces opérations où leur responsabilité sera reconnue indivise.

Art. 2. Un délai de deux mois est accordé aux susnommés, à partir de la notification du présent arrêté, pour fournir, chacun en ce qui le concerne, le compte des recettes

et des dépenses par eux effectuées ; ledit compte appuyé des pièces justificatives et accompagné :

Pour la commune, d'une délibération du conseil municipal et d'un arrêté du Gouverneur ;

Pour le bureau de bienfaisance, d'une délibération de la commission administrative, d'un avis du conseil municipal et d'un arrêté du Gouverneur ;

Le tout statuant sur l'utilité desdites dépenses ;

A défaut de quoi, ledit compte sera établi par un commis d'office à leurs frais, par application de l'article 1336 de l'instruction générale des finances du 20 juin 1859, sans préjudice de l'amende pour retard conformément à l'article 159 de la loi du 5 avril 1884.

Art. 3. Il est enjoint au président de la délégation spéciale de la commmune de Sainte-Marie de requérir, au nom de ladite commune et du bureau de bienfaisance, l'inscription d'hypothèque légale, résultant des articles 2121 et 2153 du code civil, sur les biens immobiliers des susnommés.

Art. 4. Toutes réserves sont faites contre les comptables réguliers et toutes autres personnes qui pourraient ultérieurement être reconnus avoir pris part au maniement occulte des deniers de la commune ou du bureau de bienfaisance de Sainte-Marie.

Fait et délibéré dans la séance du 27 mai 1886, où siégeaient :

MM. Allègre, Gouverneur de la Martinique, président ;
Coridon, Directeur de l'intérieur ;
Coste, Procureur général ;
E. Dupré, conseiller privé ;
Jules Husson, conseiller privé suppléant.

En présence de M. Jolidon, Inspecteur des services

administratifs et financiers de la marine et des colonies;
M. D. Bernard, secrétaire-archiviste, tenant la plume.

Signé ALLÈGRE, CORIDON, COSTE, E. DUPRÉ, J. HUSSON,
JOLIDON, Inspecteur des services administratifs
et financiers de la marine et des colonies, et
BERNARD, secrétaire-archiviste.

La République mande et ordonne au Gouverneur de la
Martinique, en ce qui le concerne, et à tous huissiers à ce
requis, en ce qui concerne les voies de droit commun contre
les parties privées, de pourvoir à l'exécution du présent
arrêté.